Pour Louise,

MON PREMIER LIVRE DE SAGESSE

Cette collection de
belles phrases à savourer,
méditer...
parce qu'elles aident à grandir.
Amicalement

oct 19

**Une première édition de cet ouvrage a été publiée
par les éditions Albin Michel en 2001.**

MICHEL PIQUEMAL

MON PREMIER LIVRE DE SAGESSE

Illustrations de
Philippe Lagautrière

ALBIN MICHEL

« Il n'est rien de plus gai,
de plus gaillard, de plus enjoué,
pour un peu je dirais de plus folâtre.
[La philosophie] ne prêche que fête
et bon temps. »
Montaigne, *Les Essais,* ch. 26,
« De l'Institution des enfants »

« Hâtons-nous donc de rendre
la philosophie populaire ! »
Diderot

Préface

Depuis mon enfance, je collectionne les belles phrases comme d'autres collectionnent les timbres ou les papillons. Avec le sentiment qu'elles sont les pièces d'un puzzle qui, assemblé, contiendrait toute la sagesse du monde mais aussi toutes les réponses aux questions qu'il nous pose. D'où je viens ? Qui sommes-nous ? Qu'est-ce qu'aimer ? Pourquoi la mort ? Quel sens a la vie ?

Que serai-je plus tard ?... D'autres avant moi ont réfléchi. Des savants, des penseurs, des philosophes, des humoristes... en Chine, en Grèce, en Amérique ou en Patagonie ! Pourquoi me priver de leurs réponses, alors qu'elles sont là, à portée de main ?

Au collège, j'ai tenu un journal intime et je n'ai cessé d'y copier, au gré de mes lectures, tout ce qui me semblait beau, fort, profond ou mystérieux. Dans mes devoirs d'étudiant, comme dans mes lettres d'amour, j'ai toujours cité ceux qui avaient tellement mieux exprimé mes pensées les plus intimes. Et je n'ai cessé de lire, de m'émerveiller et de recopier. Jusqu'à en faire un métier : anthologiste ! Jusqu'à me tisser tout un réseau d'amis avec qui échanger ces colliers somptueux de perles de mots. À chaque âge de la vie, ces phrases m'ont aidé à grandir. Et dans des circonstances exceptionnelles

– mariages, naissances, deuils, ou déprimes d'amis proches – elles ont été les messagères, la main qui se tend, rassure ou caresse. Certains auteurs sont ainsi devenus mes chouchous – Jules Renard, Walt Whitman, Marc Aurèle, Khalil Gibran ou Alain – parce qu'ils ont eu le génie d'exprimer en deux lignes ce qu'il nous faut des heures à expliquer.

Voilà pourquoi j'ai voulu ce livre, ce premier livre de sagesse qui s'adresse à tous. Car il n'est jamais trop tard pour commencer un herbier de bons mots et de belles phrases. Tout collectionneur rassemble patiemment ce qu'il juge être des richesses. Y a-t-il plus grand trésor que les pensées des hommes ?

Michel Piquemal

Amitié	10	Enthousiasme	39
Amour	12	Espoir	40
Animaux	16	Femme	42
Apprendre	18	Fraternité	44
Argent	20	Grandir	46
Beauté	21	Guerre	48
Bonheur	22	Héros	49
Bon sens	26	Humain	50
Chagrin	28	Humour	52
Chance	29	Idéal	54
Courage	30	Injustice	56
Danse	32	Jalousie	58
Dieu	34	Justice	59
Donner	36	Liberté	62
Échec	37	Lire	64
Ennui	38	Malheur	66

Mensonge	67	Santé	96
Mère	68	Science	97
Misère	69	Silence	100
Musique	70	Solidarité	102
Nature	72	Solitude	104
Non	76	Sourire	105
Partage	77	Terre	106
Père	78	Tolérance	108
Peur	79	Travail	110
Poésie	80	Tristesse	112
Politesse	82	Vengeance	113
Racisme	83	Vérité	114
Rêves	86	Vie	115
Richesse	88	Vieillesse	116
Rire	90	Violence	118
Sagesse	92	Voyage	120

Amitié

La seule manière d'avoir un ami c'est d'en être un.

Ralph Waldo Emerson,
philosophe américain,
1803-1882

Celui qui cherche un frère sans défaut reste sans frère.

Rumi, poète persan, 1207-1273

Amitié

Si tu rencontres ton ami monté sur un bâton, félicite-le pour son cheval.

Proverbe algérien

Amour

**Aimer,
ce n'est pas se regarder
l'un l'autre,
c'est regarder ensemble
dans la même direction.**

Antoine de Saint-Exupéry,
aviateur et écrivain français,
1900-1944

Un seul être vous manque,
et tout est dépeuplé.

Alphonse de Lamartine,
poète, écrivain et homme politique français,
1790-1869

Être heureux, rendre heureux, voilà le rythme de l'amour.

Nisargadatta Maharaj,
guide spirituel, *guru* indien,
1897-1981

Si tu veux être aimé, aime !

Sénèque, homme politique,
philosophe et écrivain romain,
1er siècle de notre ère

**L'amour ne regarde pas avec les yeux,
mais avec l'âme.**

**William Shakespeare,
poète dramatique anglais,
1564-1616**

**Je ne connais qu'un seul devoir,
et c'est celui d'aimer.**

Albert Camus,
écrivain français,
1913-1960

Le jour où nous ne brûlerons pas d'amour,
beaucoup d'autres mourront de froid.

François Mauriac,
écrivain français,
1885-1970

Animaux

**Tu as le droit de tuer un animal
pour t'en nourrir, à condition
que ta joie de le manger
soit plus grande que la joie
qu'il avait à vivre.**

Précepte de l'Inde

Pas de bête
qui n'ait un reflet d'infini.

Victor Hugo,
écrivain français,
1802-1885

Animaux

Quand un homme désire tuer un tigre,
il appelle cela sport ;
quand un tigre désire le tuer,
il appelle cela férocité.

**George Bernard Shaw,
écrivain irlandais,
1856-1950**

Apprendre

**Celui qui aime
à demander conseil
grandira.**

Proverbe chinois

**Si tu souhaites que je ne connaisse plus la faim,
au lieu de me donner du poisson, apprends-moi à pêcher.**

**Confucius,
philosophe chinois,
551-479 av. notre ère**

Apprendre

Ce n'est pas suffisant
de savoir monter à cheval,
il faut aussi savoir tomber.

Proverbe d'Amérique latine

Qui fait ce que son père n'a pas fait
verra ce que son père n'a pas vu.

Proverbe touareg

L'argent
est un bon serviteur
et un mauvais maître.

**Alexandre Dumas fils,
homme de théâtre français,
1824-1895**

Si l'argent ne fait pas le bonheur... rendez-le.

Jules Renard, écrivain français, 1864-1910

Beauté

J'ai servi la beauté.
Y a-t-il au monde chose
plus grande ?

Sapho, poétesse grecque,
VIIe et VIe siècle av. notre ère

**Viens-tu du ciel profond ou sors-tu de l'abîme,
Ô beauté ? ton regard infernal et divin
Verse confusément le bienfait et le crime.**

Charles Baudelaire,
poète français, 1821-1867

Bonheur

Il faut toujours se dire :
"Ce n'est point parce que
j'ai réussi que je suis content ;
mais c'est parce que
j'étais content que j'ai réussi."

**Alain, philosophe français,
1868-1952**

Il ne faut pas de tout pour faire un monde.
Il faut du bonheur et rien d'autre.

**Paul Éluard,
poète français,
1895-1952**

Bonheur

L'homme, on a dit qu'il était fait
de cellules et de sang.
Mais en réalité, il est comme un feuillage.
Il faut que le vent passe pour que ça chante.

Jean Giono,
écrivain français,
1895-1970

Bonheur

L'homme le plus heureux est celui qui fait le bonheur d'un plus grand nombre d'autres.

Denis Diderot,
écrivain et philosophe français,
1713-1784

J'ai décidé d'être heureux parce que c'est bon pour la santé.

Voltaire, écrivain français, 1694-1778

Bonheur

Les gens heureux
n'ont pas besoin
de se presser.

Proverbe chinois

Bon sens

Ne tenez pas
la queue du léopard,
mais si vous la tenez,
ne la lâchez pas !

Proverbe
éthiopien

**Qui a été mordu par un serpent
a peur d'un bout de ficelle.**

Proverbe persan

Bon sens

Attends d'avoir traversé la rivière
pour dire au crocodile
qu'il a une bosse sur le nez.

Proverbe ghanéen

chagrin

Le chagrin est comme le riz dans le grenier : chaque jour il diminue un peu.

Proverbe malgache

Pour l'homme courageux,
chance et malchance
sont comme sa main gauche
et sa main droite. Il tire parti
de l'une et de l'autre.

Catherine de Sienne
sœur dominicaine, docteur de l'église,
1347-1380

**Jette le chanceux dans la rivière,
il en ressortira avec un poisson
dans la bouche.**

Proverbe arabe

Quand l'argent tombe du ciel,
le malchanceux n'a pas de sac.

Proverbe russe

Courage

Qui osera dire au lion :
« ta bouche sent mauvais » ?

Proverbe berbère

Le courage, c'est l'art d'avoir peur sans que cela paraisse.

**Pierre Véron,
écrivain et poète français,
1831-1900**

Courage

Mieux vaut vivre un jour comme un lion que cent ans comme un mouton.

Proverbe italien

Danse

**Chaque jour il faut danser,
fût-ce seulement par la pensée.**

Nahman de Braslav,
philosophe et mystique juif,
1772-1810

Danse

La danse est une cage
où l'on apprend l'oiseau.

Claude Nougaro,
chanteur et poète français,
1929-2004

33

Dieu

Dieu n'a fait qu'ébaucher l'homme ;
c'est sur terre que chacun se crée.

Proverbe africain

**Si les triangles faisaient un dieu,
ils lui donneraient trois côtés.**

Montesquieu, moraliste, penseur
et philosophe français, 1689-1755

Dieu

On peut trouver Dieu même dans une ortie.

Proverbe japonais

L'univers m'embarrasse
et je ne puis songer
Que cette horloge existe
et n'ait point d'horloger.

Voltaire, écrivain français, 1694-1778

Dieu est le seul être qui, pour régner, n'ait même pas besoin d'exister.

Charles Baudelaire,
poète français, 1821-1867

Ta vie est ce que tu as donné.

Georges Seferis, poète grec, 1900-1971

Si tu as de nombreuses richesses,
donne de ton bien ;
si tu en as peu, donne de ton cœur.

Proverbe berbère

Tout ce qui n'est pas donné est perdu.

Proverbe de l'Inde

Échec

**La chute n'est pas un échec,
l'échec est de rester là où on est tombé.**

Socrate, philosophe grec, vers 470-399 av. notre ère

Ennui

Je ne m'embête nulle part, car je trouve que, de s'embêter, c'est s'insulter soi-même.

Jules Renard, écrivain français, 1864-1910

Enthousiasme

Rien de grand n'a jamais pu
être réalisé sans enthousiasme.

Ralph Waldo Emerson, philosophe américain, 1803-1882

**J'aime celui
qui rêve l'impossible.**

Johann Wolfgang von Goethe,
écrivain allemand, 1749-1832

L'homme meurt une première fois
à l'âge où il perd l'enthousiasme.

Honoré de Balzac, écrivain français, 1799-1850

Espoir

On m'avait dit :
« tu n'es que cendres et poussières. »
On avait oublié de me dire
qu'il s'agissait de poussières d'étoiles.

Anonyme

**On n'est pas orphelin
d'avoir perdu père et mère,
mais d'avoir perdu l'espoir.**

Proverbe africain

Où il y a de la vie,
il y a de l'espoir.

Miguel de Cervantes, écrivain espagnol, 1547-1616

Espoir

Je crois au soleil même quand il ne brille pas.

Graffiti d'une victime de la Shoah

Femme

L'avenir de l'homme est la femme.

Louis Aragon, écrivain et poète français, 1897-1982

La moitié des hommes sont des femmes.

Slogan féministe

42

Femme

Si l'égalité entre les hommes et les femmes était reconnue, ce serait une fameuse brèche dans la bêtise humaine.

Louise Michel, révolutionnaire anarchiste française, 1830-1905

On ne naît pas femme, on le devient.

Simone de Beauvoir, écrivain français, 1908-1986

Partout où l'homme a dégradé la femme, il s'est dégradé lui-même.

Charles Fourier, philosophe et économiste français, 1772-1837

Fraternité

Mon bonheur est d'augmenter
celui des autres.
J'ai besoin du bonheur
de tous pour être heureux.

André Gide,
écrivain français,
1869-1951

Si tu diffères de moi, frère,
loin de me léser, tu m'enrichis.

Antoine de Saint-Exupéry, aviateur
et écrivain français, 1900-1944

Fraternité

**Je n'ai pas pour patrie
une ville unique, un toit unique.
L'univers entier est ma ville,
ma maison...**

Cratès, poète comique
et acteur athénien, Ve siècle av. notre ère

Chacun est l'ombre de tous.

Paul Éluard, poète français, 1895-1952

45

Grandir

**Dire que, quand nous serons grands,
nous serons peut-être aussi bêtes qu'eux !**

**Louis Pergaud,
écrivain français,
1882-1915**

Celui qui marche dans les pas d'autrui
ne le dépassera jamais.
Celui qui marche dans les pas d'autrui
ne laisse pas ses propres traces.

Proverbe chinois

Grandir

Il faut trembler pour grandir.

René Char,
poète français,
1907-1988

Guerre

Quand les riches se font la guerre,
ce sont les pauvres qui meurent.

Jean-Paul Sartre, philosophe et écrivain français, 1905-1980

Un soldat est un esclave en uniforme.

Juan Donoso-Cortes, diplomate espagnol, 1809-1853

Je méprise profondément
ceux qui aiment marcher en rangs
sur une musique : ce ne peut être
que par erreur qu'ils ont reçu
un cerveau ; une moelle épinière
leur suffirait amplement.

Albert Einstein, physicien américain
d'origine allemande, 1879-1955

Héros

Je n'appelle pas héros ceux qui ont triomphé
par la pensée ou la force. J'appelle héros, seuls,
ceux qui furent grands par le cœur.

>Romain Rolland,
>écrivain français,
>1866-1944

Un héros est celui qui fait ce qu'il peut.

Romain Rolland, écrivain français, 1866-1944

Deviendrai-je le héros de ma vie
ou cette place sera-t-elle occupée
par quelqu'un d'autre ?

Charles Dickens, écrivain anglais, 1812-1870

Humain

**La terre n'appartient pas à l'homme,
c'est l'homme qui appartient à la terre.
Ce n'est pas l'homme qui a tissé
la trame de la vie, il n'est qu'un fil et tout
ce qu'il fait à la trame il le fait à lui-même.**

**Chef Seattle
des Dwamish, États-Unis,
discours de 1854**

Que l'on s'efforce d'être pleinement humain
et il n'y aura plus de place pour le mal.

Confucius, philosophe chinois,
vers 551-479 av. notre ère

**Aucun homme n'a reçu de la nature
le droit de commander les autres.**

Denis Diderot, écrivain
et philosophe français,
1713-1784

Humain

Il n'y a pas de gloire
à être français.
Il n'y a qu'une seule gloire :
c'est d'être vivant...

Jean Giono,
écrivain français,
1895-1970

L'homme est de la terre en marche.

Proverbe quechua

**Quel beau métier que d'être
un homme sur la terre !**

Maxime Gorki,
écrivain russe,
1868-1936

Humour

Tout a une fin, sauf la banane, qui en a deux.

Proverbe africain

Bien que je ne croie pas à une vie future, j'emporterai quand même des sous-vêtements de rechange.

Woody Allen, cinéaste américain, né en 1935

Humour

Ne blâme pas Dieu
d'avoir créé le tigre,
mais remercie-le
de ne pas lui avoir
donné des ailes.

Proverbe de l'Inde

Idéal

Si l'on m'apprenait
que la fin du monde
est pour demain,
je planterais quand
même un pommier.

Martin Luther, théologien
et réformateur allemand,
1483-1546

À l'impossible je suis tenu.

Jean Cocteau, écrivain français, 1889-1963

54

Idéal

Ceux qui vivent,
ce sont ceux qui luttent.

Victor Hugo,
écrivain français, 1802-1885

Attachez votre char à une étoile !

Ralph Waldo Emerson,
philosophe américain,
1803-1882

Celui qui n'ose pas regarder
le soleil en face
ne sera jamais une étoile.

William Blake, poète et peintre anglais,
1757-1827

Injustice

Si le juge était juste, peut-être le criminel ne serait pas coupable.

Fiodor Dostoïevski,
écrivain russe, 1821-1881

Si un homme a beaucoup plus qu'il ne faut,
c'est que d'autres manquent du nécessaire.

Léon Tolstoï, écrivain russe, 1828-1910

Injustice

**Selon que vous serez puissant ou misérable
Les jugements de cour vous rendront blanc ou noir.**

Jean de La Fontaine, poète français, 1621-1695

**Les lois sont des toiles d'araignées
à travers lesquelles passent les grosses
mouches et où restent les petites.**

Honoré de Balzac,
écrivain français, 1799-1850

jalousie

Pourquoi voyez-vous une paille
dans l'œil de votre frère,
tandis que vous ne voyez pas
la poutre qui est dans votre œil ?

La Bible

**Deux moineaux sur un seul épi
ne font pas bon ménage.**

Proverbe

L'envie, c'est comme un grain de sable dans l'œil.
Proverbe arabe

justice

**Il vaut mieux hasarder
de sauver un coupable
que de condamner un innocent.**

Voltaire, écrivain français, 1694-1778

justice

La justice est le droit du plus faible.

Joseph Joubert,
moraliste français,
1754-1824

Ne vaut-il pas mieux corriger,
retrouver et redresser un être humain
que de lui couper la tête ?

Fiodor Dostoïevski, écrivain russe, 1821-1881

justice

Qui n'a point de loi vit en bête brute…

Molière, auteur dramatique français, 1622-1673

61

Liberté

À tous les repas pris en commun,
    nous invitons la liberté à s'asseoir.
La place demeure vide mais le couvert est mis.

René Char, poète français, 1907-1988

Ne faites jamais rien contre votre conscience,
même si l'État vous le demande.

Albert Einstein, physicien américain
d'origine allemande, 1879-1955

Liberté

La liberté est le droit de faire tout ce que les lois permettent.

Montesquieu,
moraliste, penseur et philosophe
français, 1689-1755

On rencontre beaucoup d'hommes parlant de liberté, mais on en voit très peu dont la vie n'ait pas été principalement consacrée à se forger des chaînes.

Gustave Le Bon, médecin et sociologue français, 1841-1931

Lire

Quand je pense à tous les livres qu'il me reste encore à lire… j'ai la certitude d'être encore heureux.

Jules Renard,
écrivain français,
1864-1910

Il est bon de lire entre les lignes, cela fatigue moins les yeux.

Sacha Guitry, auteur dramatique français, 1885-1957

Je n'ai jamais eu de chagrin qu'une heure de lecture n'ait dissipé.

**Montesquieu,
moraliste, penseur et philosophe
français, 1689-1755**

Lire

Le verbe lire ne supporte pas l'impératif !

Daniel Pennac, écrivain français, né en 1944

**Un beau livre, c'est celui
qui sème à foison
les points d'interrogation.**

Jean Cocteau, écrivain français,
1889-1963

J'ai été élevé par une bibliothèque.
Chacune de nos lectures
laisse une graine qui germe.

Jules Renard, écrivain français, 1864-1910

Malheur

Le malheur est grand,
mais l'homme est plus grand
que le malheur.

Rabindranath Tagore, poète indien, 1861-1941

Le malheur peut être un pont vers le bonheur.

Proverbe japonais

Mensonge

Un mensonge en entraîne toujours un autre.

Térence, poète comique latin,
190-159 av. notre ère

La punition du menteur, c'est qu'il n'est pas cru quand il dit la vérité.

Talmud de Babylone

Mère

**Quand l'enfant quitte la maison,
il emporte la main de sa mère.**

Proverbe chinois

Dieu ne pouvait pas être partout...
Aussi créa-t-il les mères.

Proverbe juif

À quoi servent mes poèmes si ma mère ne sait les lire.

Rachid Boudjedra, écrivain algérien, né en 1941

Misère

Aujourd'hui, on n'a plus le droit,
ni d'avoir faim ni d'avoir froid.
Dépassé, le chacun pour soi,
je pense à toi, je pense à moi.

Coluche,
humoriste français, 1944-1986

**La moitié de l'humanité ne mange pas :
et l'autre moitié ne dort pas
de peur de celle qui ne mange pas.**

**Josué de Castro,
économiste brésilien, 1908-1973**

Musique

**Là où est la musique,
il n'y a pas de place pour le mal.**

Miguel de Cervantes, écrivain espagnol,
1547-1616

La musique, c'est du bruit qui pense.

Victor Hugo,
écrivain français, 1802-1885

Musique

La musique crève le ciel.

Charles Baudelaire,
poète français, 1821-1867

Sans la musique,
la vie serait une erreur.

Friedrich Nietzsche,
philosophe allemand,
1844-1900

Nature

Une mauvaise herbe est une plante dont on n'a pas encore trouvé les vertus.

Ralph Waldo Emerson,
philosophe américain,
1803-1882

Vous aimez la liberté ?
Elle habite la campagne.

Andres Bello, poète et philosophe vénézuélien, 1781-1865

Si vous voulez apprivoiser la nature,
il ne faut pas faire de bruit.

Paul Claudel,
écrivain français, 1868-1955

Nature

La rose n'a d'épines
que pour qui veut la cueillir.

Proverbe chinois

73

Nature

Je ne puis regarder une feuille d'arbre sans être écrasé par l'univers.

Victor Hugo,
écrivain français, 1802-1885

Nature

L'air est précieux à l'homme rouge
car toutes choses partagent
le même souffle : la bête, l'arbre, l'homme.

Chef Seattle des Dwamish, États-Unis, discours de 1854

L'homme regarde la fleur, la fleur sourit.

Koan ou phrase à méditer Zen

On ne triomphe de la nature qu'en lui obéissant.

Francis Bacon, homme d'État
et philosophe anglais, 1561-1626

Non

Penser c'est dire non.

Alain, écrivain
et philosophe français,
1868-1951

**Cent "non" font moins de mal
qu'un "oui" jamais tenu.**

Proverbe chinois

Partage

Un bien n'est agréable que si on le partage.

Sénèque, homme politique, philosophe et écrivain romain,
1er siècle de notre ère

**Ne mange pas ton pain seul
si quelqu'un se trouve près de toi.**

Scribe anonyme de l'Égypte ancienne

77

Père

À quoi sert la vie si les enfants
n'en font pas plus que leurs pères ?

Gustave Courbet,
peintre français,
1819-1877

Tout le monde n'a pas la chance d'être orphelin.

Jules Renard,
écrivain français,
1864-1910

Tu as eu un père,
puisse ton fils
en dire autant.

William Shakespeare,
poète dramatique anglais,
1564-1616

Peur

Celui qui fuit devant la peur tombe dans la fosse.

La Bible, Jérémie, XLVIII

Ce n'est pas la violence, mais la faiblesse seulement qui me fait avoir peur.

Karl Kraus,
écrivain autrichien,
1874-1936

La peur est creuse
en son centre
et il n'y a rien autour.

Dicton serbe

Poésie

Le poète doit être un professeur d'espérance,
nos pieds veulent marcher dans l'herbe fraîche,
nos jambes veulent courir après les cerfs
et serrer le ventre des chevaux.

Jean Giono, écrivain français, 1895-1970

**L'art ne fait que des vers,
le cœur seul est poète.**

André Chénier,
poète français, 1762-1794

Poésie

Il est aussi difficile
à un poète de parler poésie
qu'à une plante
de parler horticulture.

Jean Cocteau, écrivain français, 1889-1963

Politesse

**La politesse est à l'esprit
ce que la grâce est au visage.**

Voltaire, écrivain français, 1694-1778

La politesse est une monnaie
qui enrichit non point
celui qui la reçoit, mais celui
qui la dépense.

Proverbe persan

Racisme

Le racisme et la haine ne sont pas inscrits dans les péchés capitaux. Ce sont pourtant les pires.

> Jacques Prévert, poète français, 1900-1977

Racisme

L'étranger te permet d'être toi-même,
en faisant, de toi, un étranger.

<small>Edmond Jabès, écrivain juif égyptien
d'expression française, 1912-1991</small>

**Ton Christ est juif
ta voiture est japonaise
ton couscous est algérien
ta démocratie est grecque
ton café est brésilien
Et tu reproches à ton voisin
d'être un étranger.**

<small>Anonyme chanté
par le poète belge
Julos Beaucarne</small>

Racisme

Un homme blanc,
un homme noir,
un homme jaune :
toutes les larmes
sont salées.

Claude Aveline,
écrivain français, 1901-1993

Rêves

Nous sommes tissés de l'étoffe dont sont faits les rêves.

William Shakespeare,
poète dramatique anglais, 1564-1616

Rêves

Une nuit, je rêvais que j'étais un papillon
puis je m'éveillai étant Tchouang-Tcheou.
Mais suis-je bien Tchouang-Tcheou
qui se souvient d'avoir rêvé… Ou suis-je
un papillon qui rêve maintenant
qu'il est le philosophe Tchouang-Tcheou ?

Tchouang-Tcheou,
philosophe taoïste,
fin du IVe siècle av. notre ère

Richesse

Chaumière où l'on rit vaut mieux que palais où l'on pleure.

Proverbe chinois

Richesse

Ne possédant rien
Comme mon cœur est léger
Comme l'air est frais.

Issa Kobayashi, peintre
et poète japonais, 1763-1827

**Si les riches pouvaient payer
les pauvres pour mourir à leur place,
les pauvres gagneraient bien leur vie.**

Proverbe yiddish

Rire

Le rire est le propre de l'homme.

François Rabelais, écrivain français, 1494-1533

Je me presse de rire de tout de peur d'être obligé d'en pleurer.

Pierre de Beaumarchais, écrivain
et auteur dramatique français, 1732-1799

Rire

Le bonheur va vers ceux qui savent rire.

Proverbe japonais

Sagesse

Je hais le sage qui n'est pas sage pour lui-même.

Euripide, poète tragique grec, 480-406 av. notre ère

Ne coupe pas l'arbre qui te donne de l'ombre.

Proverbe arabe

Sagesse

**Le sage montre le ciel,
l'imbécile regarde le doigt.**

Proverbe chinois

Le sage est celui qui s'étonne de tout.

André Gide, écrivain français, 1869-1951

sagesse

**Il faut manger pour vivre
et non pas vivre pour manger.**

Socrate, philosophe grec, vers 470-399 av. notre ère

Celui qui est maître de lui-même est plus grand
que celui qui est maître du monde.

Le Bouddha, fondateur du bouddhisme,
VIe ou Ve siècle av. notre ère

Sagesse

Si tu n'es pas toi-même,
qui pourrait l'être à ta place ?

Henry David Thoreau, essayiste et poète américain, 1817-1862

Les paroles sages sont comme
du sucre de canne qu'on suce :
la saveur ne peut en être épuisée.

Proverbe malgache

santé

La santé se mesure à l'amour du matin et du printemps.

**Henry David Thoreau, essayiste
et poète américain, 1817-1862**

**On a beau avoir une santé de fer,
on finit toujours par rouiller.**

Jacques Prévert, poète français, 1900-1977

Science

Le savant n'est pas l'homme qui fournit les réponses ;
c'est celui qui pose les vraies questions.

Claude Lévi-Strauss, ethnologue français, 1908-2009

Science

Science sans conscience
n'est que ruine de l'âme.

François Rabelais, écrivain français, 1494-1533

La science n'a pas de patrie ;
je ne te demande pas
quelle est ta patrie, mais quelle
est ta souffrance.

Louis Pasteur, chimiste
et biologiste français,
1822-1895

science

La science a fait de nous des dieux avant même que nous méritions d'être des hommes.

Jean Rostand, biologiste
et écrivain français, 1894-1977

silence

La nature nous a donné deux oreilles et seulement une langue afin que nous puissions écouter deux fois plus que nous ne parlons.

Proverbe grec

silence

Un silence peut parfois être le plus cruel des mensonges.

**Robert Louis Stevenson,
poète et romancier écossais,
1850-1894**

Dans le silence et la solitude,
on n'entend plus que l'essentiel.

Camille Belguise, femme de lettres française, 1894-1980

101

Solidarité

Es-tu triste ?
Cherche autour de toi
un service à rendre,
une peine à consoler…

Jacques Cœur, homme d'affaires français, 1395-1456

Les mains qui aident sont plus sacrées que les lèvres qui prient.

Sathya Saï Baba, *guru* indien, 1926-2011

solidarité

Un cœur n'est juste
que s'il bat au rythme
des autres cœurs.

Paul Éluard, poète français, 1895-1952

Solitude

Une seule chose est nécessaire :
la solitude.
La grande solitude intérieure.
Aller en soi-même et ne rencontrer
personne durant des heures,
c'est à cela qu'il faut parvenir.
Être seul, comme l'enfant est seul...

Rainer Maria Rilke,
écrivain autrichien,
1875-1926

**Les gens se sentent seuls
parce qu'ils construisent des murs
plutôt que des ponts.**

Kathleen Thompson Norris,
romancière américaine, 1880-1966

Sourire

Sourire trois fois tous les jours
rend inutile tout médicament.

Proverbe chinois

Terre

La terre est bleue comme une orange.

**Paul Éluard,
poète français,
1895-1952**

106

Terre

**Nous rendons grâce à notre Mère,
la terre, qui nous soutient.
Nous rendons grâce aux rivières
et aux ruisseaux…**

Prière iroquoise

La terre est une mère
qui ne meurt jamais.

Proverbe maori

Tolérance

Je ne suis pas d'accord
avec ce que vous dites
mais je me battrai jusqu'au bout
pour que vous puissiez le dire.

Voltaire, écrivain français, 1694-1778

Ceux qui brûlent des livres
finissent tôt ou tard
par brûler des hommes.

**Heinrich Heine, poète lyrique
allemand, 1797-1856**

Tolérance

Avant de juger son frère,
il faut avoir marché plusieurs lunes
dans ses mocassins.

Proverbe amérindien (Lakota)

Si tu veux comprendre
une fourmi sous ton talon,
eh bien imagine-toi
sous la patte d'un éléphant.

Saadi,
poète persan,
vers 1200-1291

Travail

**À force de tomber,
une goutte d'eau
creuse le roc.**

Théocrite,
poète grec, 310-250
av. notre ère

Ce n'est pas parce que c'est difficile
que nous n'osons pas,
c'est parce que nous n'osons pas
que c'est difficile.

Sénèque, homme politique, philosophe
et écrivain romain, 1er siècle de notre ère.

**L'homme n'est pas fait pour travailler,
et la preuve, c'est que cela le fatigue.**

Tristan Bernard, romancier
et auteur dramatique français, 1866-1947

Travail

La figue ne tombe jamais
en plein dans la bouche.

Proverbe kabyle

**Ne craignez pas d'être lent,
craignez seulement d'être à l'arrêt.**

Proverbe chinois

Tristesse

On ne peut empêcher les oiseaux noirs
de voler au-dessus de nos têtes…
mais on peut les empêcher d'y faire leur nid.

Proverbe chinois

La tristesse est un mur élevé entre deux jardins.

**Khalil Gibran,
poète et écrivain libanais,
1883-1931**

Prenez garde à la tristesse. C'est un vice.

Gustave Flaubert, écrivain français, 1821-1880

vengeance

Le sang ne se lave pas
avec du sang
mais avec de l'eau.

Proverbe turc

Il n'y a pas de plus belle vengeance
que le pardon.

Anonyme

vérité

Les vraies vérités sont celles qu'on peut inventer.

Karl Kraus, écrivain autrichien, 1874-1936

Si vous fermez la porte à toutes les erreurs, la vérité restera dehors.

Rabindranath Tagore,
poète indien, 1861-1941

Aime la vérité mais pardonne à l'erreur.

Voltaire, écrivain français, 1694-1778

Les humains disent que le temps passe.
Le Temps dit que les humains passent.

Proverbe sanscrit

La vie est à monter et non pas à descendre.

Émile Verhaeren, poète belge, 1855-1916

vieillesse

**Les vieillards ont droit au respect.
Ils n'ont pas droit au commandement.**

**Charles Péguy,
écrivain français,
1873-1914**

Un vieillard qui meurt,
c'est une bibliothèque qui brûle.

Proverbe africain

vieillesse

**Quand je cesserai
de m'indigner,
j'aurai commencé
ma vieillesse.**

André Gide,
écrivain français,
1869-1951

Les années rident la peau :
renoncer à son idéal ride l'âme.

Douglas MacArthur,
général américain,
1880-1964

Ce n'est pas parce que je suis un vieux pommier
que je donne de vieilles pommes.

Félix Leclerc, chanteur
et poète québécois, 1914-1988

violence

La tendresse est plus forte que la dureté,
l'eau est plus forte que le rocher,
l'amour est plus fort que la violence.

Hermann Hesse, écrivain allemand, 1877-1962

S'il fallait absolument faire un choix
entre la violence et la lâcheté,
je conseillerais la violence (…)
Mais je crois que la non-violence
est infiniment supérieure à la violence.

Gandhi, philosophe et homme
politique indien, 1869-1948

Violence

**Rendre coup pour coup,
c'est propager la violence,
rendre plus sombre encore
une nuit sans étoiles.**

Martin Luther King, pasteur
baptiste américain, 1929-1968

La violence et la force
ne construisent jamais.

Jean Giono, écrivain français, 1895-1970

voyage

**Le parfait voyageur
ne sait où il va.**

**Lie-Tseu, philosophe chinois,
IIIe siècle av. notre ère**

Si tu n'as pas étudié,
voyage !

Proverbe africain

Le soleil n'est jamais si beau
qu'un jour où l'on se met en route.

Jean Giono, écrivain français, 1895-1970

120

voyage

121

Index

Alain, 22, 76
philosophe français,
(1868-1951)

Allen Woody, 52
cinéaste américain,
(né en 1935)

Aragon Louis, 42
écrivain et poète français,
(1897-1982)

Aveline Claude, 85
écrivain français
(1901-1993)

Bacon Francis, 75
homme d'état et
philosophe anglais,
(1561-1626)

Balzac Honoré de, 39, 57
écrivain français,
(1799-1850)

**Baudelaire
Charles,** 21, 35, 71
poète français,
(1821-1867)

Beaumarchais Pierre de, 90
écrivain et auteur
dramatique français,
(1732-1799)

Beauvoir Simone de, 43
écrivain français,
(1908-1986)

Belguise Camille, 101
femme de lettres française,
(1894-1980)

Bello Andres, 72
poète et philosophe
vénézuélien,
(1781-1865)

Bernard Tristan, 110
romancier et auteur
dramatique français,
(1866-1947)

Blake William, 55
poète et peintre anglais,
(1757-1827)

Boudjedra Rachid, 68
écrivain algérien,
(né en 1941)

Bouddha, 94
fondateur du bouddhisme,
VIe ou Ve siècle av. notre ère

Camus Albert, 15
écrivain français,
(1913-1960)

Castro Josué de, 69
économiste brésilien,
(1908-1973)

Cervantes Miguel de, 40, 70
écrivain espagnol,
(1547-1616)

Index

Char René, 47, 62
poète français,
(1907-1988)

Chef Seattle 50, 75
des Dwamish, États-Unis,
(discours de 1854)

Chénier André, 80
poète français,
(1762-1794)

Claudel Paul, 72
écrivain français,
(1868-1955)

Cocteau Jean, 54, 65, 81
écrivain français,
(1889-1963)

Cœur Jacques, 102
homme d'affaires français,
(1395-1456)

Coluche, 69
humoriste français,
(1944-1986)

Confucius, 18, 50
philosophe chinois,
(vers 551-479 av. notre ère)

Courbet Gustave, 78
peintre français,
(1819-1877)

Cratès, 45
poète comique
et acteur athénien,
(Ve siècle av. notre ère)

Dickens Charles, 49
écrivain anglais,
(1812-1870)

Diderot Denis, 24, 50
écrivain et philosophe français,
(1713-1784)

Donoso-Cortes Juan, 48
diplomate espagnol,
(1809-1853)

Dostoïevski Fiodor, 56, 60
écrivain russe,
(1821-1881)

**Dumas (Fils)
Alexandre,** 20
homme de théâtre français,
(1824-1895)

Einstein Albert, 48, 62
physicien américain
d'origine allemande,
(1879-1955)

Index

Éluard Paul, 22, 45, 103, 106
poète français,
(1895-1952)

Emerson Ralph Waldo, 10, 39, 55, 72
philosophe américain,
(1803-1882)

Euripide, 92
poète tragique grec,
(480-406 av. notre ére)

Flaubert Gustave, 112
écrivain français,
(1821-1880)

Fourier Charles, 43
philosophe
et économiste français,
(1772-1837)

Gandhi, 118
philosophe et homme
politique indien,
(1869-1948)

Gibran Khalil, 112
poète et écrivain libanais,
(1883-1931)

Gide André, 44, 93, 117
écrivain français,
(1869-1951)

Giono Jean, 23, 51, 80, 119, 120
écrivain français,
(1895-1970)

Goethe Johann Wolfgang von, 39
écrivain allemand,
(1749-1832)

Gorki Maxime, 51
écrivain russe,
(1868-1936)

Guitry Sacha, 64
auteur dramatique français,
(1885-1957)

Heine Heinrich, 108
poète lyrique allemand,
(1797-1856)

Hesse Hermann, 118
écrivain allemand,
(1877-1962)

Hugo Victor, 16, 55, 70, 74
écrivain français,
(1802-1885)

Jabès Edmond, 84
écrivain juif égyptien
d'expression française,
(1912-1991)

Index

Joubert Joseph, 60
moraliste français,
(1754-1824)

King Martin Luther, 119
pasteur baptiste américain
(1929-1968)

Kobayashi Issa, 89
peintre et poète japonais,
(1763-1827)

Kraus Karl, 79, 114
écrivain autrichien,
(1874-1936)

La Fontaine Jean de, 57
poète français,
(1621-1695)

Lamartine Alphonse de, 13
Poète, écrivain et homme
politique français,
(1790-1869)

Le Bon Gustave, 63
médecin et sociologue
français, (1841-1931)

Leclerc Félix, 117
chanteur et poète
québécois, (1914-1988)

Lévi-Strauss Claude, 97
ethnologue français,
(1908-2009)

Lie-Tseu 120
philosophe chinois,
(IIIe av. notre ère)

Luther Martin, 54
théologien et réformateur
allemand, (1483-1546)

MacArthur Douglas, 117
général américain,
(1880-1964)

Maharaj Nisargadatta, 13
guide spirituel, *guru* indien,
(1897-1981)

Mauriac François, 15
écrivain français,
(1885-1970)

Michel Louise, 43
révolutionnaire anarchiste
française, (1830-1905)

Molière, 61
auteur dramatique français,
(1622-1673)

Montesquieu, 34, 63, 64
moraliste, penseur
et philosophe français,
(1689-1755)

Index

Nahman de Braslav, 32
philosophe et mystique juif,
(1772-1810)

Nietzsche Friedrich, 71
philosophe allemand,
(1844-1900)

Nougaro Claude, 33
chanteur et poète français,
(1929-2004)

Norris Thompson Kathleen, 104
romancière américaine,
(1880-1966)

Pasteur Louis, 98
chimiste et biologiste
français, (1822-1895)

Péguy Charles, 116
écrivain français,
(1873-1914)

Pennac Daniel, 65
écrivain français,
(né en 1944)

Pergaud Louis, 46
écrivain français,
(1882-1915)

Prévert Jacques, 83, 96
poète français,
(1900-1977)

Rabelais François, 90, 98
écrivain français,
(1494-1533)

Renard Jules, 20, 38, 64, 65, 78
écrivain français,
(1864-1910)

Rilke Rainer Maria, 104
écrivain autrichien,
(1875-1926)

Rolland Romain, 49
écrivain français,
(1866-1944)

Rostand Jean, 99
biologiste et écrivain
français, (1894-1977)

Rumi, 10
poète persan
(1207-1273)

Sathya Saï Baba, 102
guru indien,
(1920-2011)

Saadi, 109
poète persan,
(vers 1200-1291)

Saint-Exupéry Antoine de, 12, 44
aviateur et écrivain français,
(1900-1944)

Index

Sapho, 21
poétesse grecque,
(VIIe et VIe av. notre ère)

Sartre Jean-Paul, 48
philosophe et écrivain
français, (1905-1980)

Seferis Georges, 36
poète grec,
(1900-1971)

Sénèque, 14, 77, 110
homme politique, philosophe
et écrivain romain,
(1er siècle de notre ère)

**Shakespeare
William,** 14, 78, 86
poète dramatique anglais,
(1564-1616)

Shaw George Bernard, 17
écrivain irlandais,
(1856-1950)

Socrate, 37, 94
philosophe grec,
(vers 470-399 av. notre ère)

Sienne Catherine de, 29
sœur dominicaine,
docteur de l'église,
(1347-1380)

**Stevenson
Robert Louis,** 101
poète et romancier écossais,
(1850-1894)

**Tagore
Rabindranath,** 66, 114
poète indien,
(1861-1941)

Tchouang-Tcheou, 87
philosophe taoïste,
(Ve av. notre ère)

Térence, 67
poète comique latin,
(190-159 av. notre ère)

Théocrite, 110
poète grec,
(310-250 av. notre ère)

Thoreau Henry David, 95, 96
essayiste et poète américain,
(1817-1862)

Tolstoï Léon, 56
écrivain russe,
(1828-1910)

Verhaeren Émile, 115
poète belge,
(1855-1916)

Véron Pierre, 30
écrivain et poète français,
(1831-1900)

Voltaire, 24, 35, 59, 82,
écrivain français, 108, 114
(1694-1778)

DANS LA MÊME COLLECTION, DU MÊME AUTEUR :

Les Philo-fables
Le Conteur philosophe
Les Philo-fables pour vivre ensemble
Les Philo-fables pour la Terre
Récits fabuleux de la mythologie

Site de l'auteur : www.michelpiquemal.com

© 2012, Albin Michel Jeunesse
22, rue Huyghens, 75014 Paris – www.albin-michel.fr
Loi 49-956 du 16 juillet 1949 sur les publications destinées à la jeunesse
Dépôt légal : second semestre 2012
N° d'édition : 13687/7 – ISBN-13 : 978 2 226 24280 8
Imprimé en France par Pollina s.a. - 89009